Alte österreichische Küche

7Hill ist ein Imprint der Tandem Verlag GmbH

Autor: Klaus Teuber für NOVA Libra medien, Köln
Einbandgestaltung: agilmedien, Niederkassel
Layout & Satz: Derek Gotzen und Ulrike Jasser für NOVA Libra medien, Köln

Gesamtherstellung: Tandem Verlag GmbH, Potsdam

Printed in Hungary

ISBN 978-3-8331-5953-4

10 9 8 7 6 5 4 3 2 1

Alte österreichische

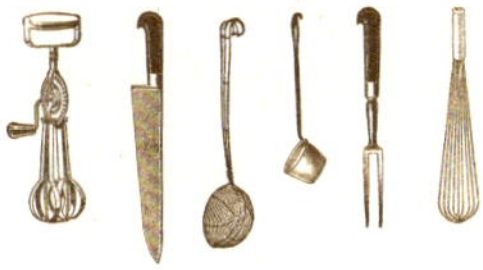

Inhalt

Einleitung

Einflüsse aus Böhmen, Ungarn, Tschechien und Norditalien finden sich in der Küche des einstigen Vielvölkerstaates Österreich-Ungarn wieder. Die österreichische Küche vereint eine große Vielzahl an Rezepten verschiedener Kochtraditionen, die jedoch häufig von den Österreichern im Laufe der Zeit umgewandelt, verfeinert oder mit anderen Zutaten ergänzt wurden. Statt des Terminus „Österreichische Küche“ wird sehr häufig nur der Begriff der „Wiener Küche“ verwendet, die sich vor allem um die Zeit des Wiener Kongresses als ernsthafte Konkurrentin zur französischen Küche etablierte. Für dieses Buch wurde jedoch eine Auswahl alter klassischer Rezepte aus allen Regionen des Alpenlandes zusammengestellt. Jedes Bundesland hat seine eigene typische Hausmannskost bzw. Bauernküche, welche die solide Grundlage der hohen Schule österreichischer Kochkunst bildet. Hierzu zählen die Köstlichkeiten und „Schmankerl“ aus den Zeiten der Großmütter und Urgroßmütter – einfache Suppen, süße und herzhafte Strudel, Schmarren, Nudeln oder auch Festtagsgerichte, die auch heute noch gerne zu besonderen Anlässen aufgetischt werden. Die österreichische Küche ist überaus schmackhaft und bietet Rezepte für Suppen, Fisch-, Fleisch- und Gemüsegerichte ebenso wie für Kuchen und Desserts. Die Palette der Hauptspeisen umfasst dabei weit mehr als „Backhendl“ oder das weltberühmte „Wiener Schnitzel“. Eine große Rolle spielen in der österreichischen Küche etwa auch die köstlichen Ei- und Mehlspeisen. Süßer Abschluss eines jeden Menüs sollte eine der traumhaften Nachspeisen oder ein Stück Torte sein. Quark, Eier, süße und saure Sahne oder herrliche Soßen und fruchtige Beilagen runden so manche süße oder auch herzhafte Speise hervorragend ab. Gut essen und genießen hat in der österreichischen Küche eine lange Tradition. Wir laden Sie ein zu einer kulinarischen Reise durch ein wahres Schlaraffenland für Feinschmecker. Guten Appetit!

Suppen

Wiener Erdäpfelsuppe

Für 4 Personen
Zubereitungszeit: 15 Minuten
Kochzeit: ca. 25 Minuten

Einkaufsliste/Zutaten

100 g Kartoffeln
100 g Wurzeln (Karotten oder gelbe Rüben)
50 g Zwiebel
50 g Speck
20 g getrocknete Pfifferlinge
20 g Butter
20 g Mehl
1 l Brühe
Salz
Pfeffer
Majoran

Garnierung

1 Bund Schnittlauch

Vorküche

Die Kartoffeln und die Wurzeln schälen. Die Zwiebel pellen.
Kartoffeln, Wurzeln, Speck und Zwiebel fein würfeln.
Den Schnittlauch waschen und in kleine Röllchen schneiden.

Zubereitung

Die Butter erhitzen und den Speck und die Zwiebel darin hell anbraten. Mit Mehl bestäuben und die Brühe zugießen.
Die gewürfelten Wurzeln mit den Pilzen dazugeben. Mit Salz, Pfeffer und Majoran würzen und 10 Minuten köcheln lassen.
Dann die Kartoffeln dazugeben und weich kochen.

Servieren

Die Kartoffelsuppe in einer Suppenterrine anrichten und mit den Schnittlauchröllchen bestreut servieren.

Merkzettel

Dazu passt rustikales Bauernbrot und ein Glas Bier.

Knoblauchsuppe

Für 4 Personen
Zubereitungszeit: ca. 15 Minuten
Kochzeit: 30 Minuten

Einkaufsliste/Zutaten

2 Scheiben Weißbrot
1 El Butter
5 Knoblauchzehen
4 El Mehl
1 El Butterschmalz
750 ml Fleischbrühe
Salz
Weißer Pfeffer aus der Mühle
250 ml Milch
4 El Schlagsahne
2 El Öl

Garnierung

Schnittlauch

Vorküche

Das Weißbrot in kleine Würfel schneiden und in der Butter goldbraun anrösten. Die Knoblauchzehen pellen und durch die Knoblauchpresse drücken. Schnittlauch waschen, trockenschütteln und in Röllchen schneiden.

Zubereitung

Das Mehl in einem Topf mit heißem Butterschmalz kurz anrösten, den Knoblauch dazugeben und die Fleischbrühe zugießen. Kurz aufkochen lassen und mit Salz und Pfeffer würzen. Die Milch dazugeben und alles bei geringer Hitze etwa 30 Minuten ziehen lassen. Anschließend mit Sahne verfeinern und nochmals mit Pfeffer abschmecken. Die Weißbrotwürfel im Öl leicht anrösten.

Servieren

Die Knoblauchsuppe in Suppentassen füllen und mit den Brotwürfeln und den Schnittlauchröllchen bestreut servieren.

Merkzettel

Sie können diese Suppe auch mit Möhren und Sellerie zubereiten. Dann muss die Suppe aber durch ein Sieb passiert werden.

Krautsuppe

Für 4 Personen
Zubereitungszeit: ca. 25 Minuten (ohne Wartezeit)
Kochzeit: 20 Minuten

Einkaufsliste/Zutaten

1 mittelgroßer Weißkohl (etwa 800 g)
Salz
500 g Tomaten
1 El Butterschmalz
1½ l Gemüsebrühe
Schwarzer Pfeffer aus der Mühle
Muskatnuss
1 El Mehl
250 g saure Sahne

Vorküche

Den Weißkohl halbieren, den Strunk herausschneiden, den Kohl in feine Streifen schneiden und waschen. Mit Salz bestreuen und nach einer halben Stunde ausdrücken. Die Tomaten heiß überbrühen, häuten, das Kerngehäuse entfernen und das Fruchtfleisch in Stücke schneiden.

Zubereitung

In einem großen Topf das Butterschmalz zerlassen und das Kraut darin unter ständigem Rühren andünsten. Mit der Brühe ablöschen. Die Tomatenstücke dazugeben und mit Salz, Pfeffer und Muskatnuss würzen. Alles etwa 20 Minuten bei geringer Hitze köcheln lassen. Abschließend das Mehl mit der sauren Sahne vermischen, in die Suppe geben und verrühren.

Servieren

Die Krautsuppe in eine Suppenterrine füllen und heiß servieren.

Merkzettel

Unter Zugabe von geräuchertem Speck oder gerauchtem Schweinefleisch wird die Suppe noch würziger.

Leberknödelsuppe

Für 4 Personen
Zubereitungszeit: ca. 45 Minuten (ohne Wartezeit)
Kochzeit: ca. 95 Minuten

Einkaufsliste/Zutaten

Für die Rindfleischsuppe

500 g Rindfleisch aus der Oberschale
250 g Knochen vom Rind
1 Bund Suppengemüse
1 große Zwiebel

Für die Leberknödel

150 g Rinderleber
1 Zwiebel
½ Bund Petersilie
30 g Butter
2 Brötchen vom Vortag
1 Ei
Salz
Schwarzer Pfeffer aus der Mühle
1 Msp Muskatnuss
1 Knoblauchzehe
Eventuell Semmelbrösel

Garnierung

1 Bund Schnittlauch

Vorküche

Das Fleisch und die Knochen gründlich waschen. Die Knochen in einen Topf mit kochendem Wasser geben. Sobald das Wasser erneut aufkocht, herausnehmen und mit kaltem Wasser abspülen. Das Fleisch und die Knochen in einem zweiten Topf mit etwa 2 l kaltem Wasser aufsetzen, alles zum Kochen bringen und etwa 50 Minuten bei mäßiger Hitze köcheln lassen. Das Suppengemüse und die Zwiebel putzen, schälen, waschen, grob in Stücke schneiden und zum Fleisch geben. Alles nochmals 30 Minuten köcheln lassen.

In der Zwischenzeit die Leber gründlich waschen, trockentupfen und dreimal durch den Fleischwolf drehen. Die Zwiebel schälen und in feine Würfel schneiden. Petersilie waschen, trockenschütteln und fein hacken. Butter in einer Pfanne erhitzen, die Zwiebelwürfel und die Petersilie darin andünsten. Beiseite stellen.

Die Brötchen in Wasser einweichen, gut ausdrücken und mit Ei, Gewürzen, durchgepresstem Knoblauch und der Zwiebel-Petersilien-Mischung zur Leber geben. Alles gut miteinander vermischen. Wenn die Mischung zu weich ist, etwas Semmelbrösel dazugeben. Etwa 30 Minuten ruhen lassen. Schnittlauch waschen, trockenschütteln und in kleine Röllchen schneiden.

Zubereitung

In einem großen Topf Salzwasser erhitzen. Mit feuchten Händen aus der Lebermasse längliche Knödel formen und im siedendem Wasser etwa 10–15 Minuten gar kochen. Mit einem Schaumlöffel herausheben und abtropfen lassen. Die Rindfleischsuppe durch ein Sieb gießen und die Leberknödel in die heiße Brühe geben.

Servieren

Die Leberknödelsuppe in Suppentassen füllen und mit Schnittlauchröllchen bestreut servieren.

Merkzettel

Das Suppenfleisch können Sie zu einem Rindfleischsalat verarbeiten oder kalt mit Meerrettich zu Brot genießen.

Paradeissuppe (Tomatensuppe)

Für 4 Personen
Zubereitungszeit: ca. 45 Minuten
Kochzeit: 15 Minuten

Einkaufsliste/Zutaten

800 g Tomaten
5 El Reis
Salz
1 Petersilienwurzel
2 Möhren
¼ Sellerieknolle
1 Zwiebel
50 g Butter
4 El Mehl
1 Lorbeerblatt
1 El Zucker
Etwas Zitronensaft

Vorküche

Die Tomaten waschen, heiß überbrühen und häuten. Halbieren, den Strunk entfernen und in 500 ml Wasser weich kochen. Mit dem Pürierstab pürieren. Den Reis in Salzwasser gar kochen. Petersilienwurzel, Möhren, Sellerieknolle und Zwiebel schälen und in kleine Stücke schneiden.

Zubereitung

In einem Topf die Butter erhitzen und das Gemüse darin andünsten. Mehl mit etwas Tomatenbrühe glatt rühren und mit dem Gemüse zu den pürierten Tomaten geben. Lorbeerblatt, Zucker und Zitronensaft dazugeben und alles etwa 15 Minuten bei mittlerer Hitze köcheln lassen. Die Suppe durch ein Sieb passieren und zuletzt den Reis dazugeben.

Servieren

Die Paradeissuppe in Suppentassen füllen und heiß servieren.

Merkzettel

Die Tomatensuppe können Sie auch mit einem Klecks Schlagsahne garnieren.

Grießknödelsuppe

Für 4 Personen
Zubereitungszeit: ca. 20 Minuten (ohne Wartezeit)
Kochzeit: ca. 80 Minuten

Einkaufsliste/Zutaten

1 l klare Fleischbrühe
50 g weiche Butter
2 Eier
5 El Hartweizengrieß
2 El saure Sahne
Salz
2 El Butterschmalz

Garnierung

1 Bund Schnittlauch

Vorküche

Eine klare Fleischbrühe herstellen wie im Rezept „Leberknödelsuppe" auf S. 12 beschrieben. Die weiche Butter mit dem Handrührgerät schaumig rühren. Eier, Grieß, Sahne und Salz dazugeben und verrühren. Etwa 20 Minuten ruhen lassen. Schnittlauch waschen, trockenschütteln und in feine Röllchen schneiden.

Zubereitung

Aus der Grießmasse mit feuchten Händen kleine Knödel formen. In einer Pfanne Butterschmalz erhitzen und die Knödel darin nacheinander goldgelb backen. Die Knödel in die heiße Fleischbrühe geben und kurz aufkochen lassen.

Servieren

Die Grießknödelsuppe in Suppentassen füllen und mit den Schnittlauchröllchen bestreuen.

Kartoffeln & Gemüse

Blumenkohl mit Butterbröseln

Für 4 Personen
Zubereitungszeit: ca. 15 Minuten
Kochzeit: 30 Minuten

Einkaufsliste/Zutaten

1 Blumenkohl (etwa 800 g)
Salz
500 ml Milch
1 Msp Muskatnuss
100 g Butter
5 El Semmelbrösel
Weißer Pfeffer aus der Mühle

Vorküche

Den Blumenkohl von den grünen Blättern befreien, putzen und waschen.

Zubereitung

In einem großen Topf so viel Salzwasser mit Milch und Muskatnuss zum Kochen bringen, dass der Blumenkohl nachher bedeckt ist. Den Blumenkohl hineingeben und etwa 30 Minuten gar kochen. Den Blumenkohl aus dem Topf heben, auf eine Platte legen und warm halten. In einer Pfanne die Butter zerlassen, die Semmelbrösel darin goldbraun anrösten und mit Salz und Pfeffer würzen.

Servieren

Den Blumenkohl auf einer Platte anrichten und mit den Butterbröseln bestreut zu Fleischgerichten servieren.

Merkzettel

Die Blumenkohlröschen sollten beim Kauf verschlossen sein. Dies ist ein Zeichen für Frische.

Kartoffelauflauf

Für 4 Personen
Zubereitungszeit: ca. 40 Minuten
Backzeit: 45–50 Minuten

Einkaufsliste/Zutaten

1,2 kg fest kochende Kartoffeln
250 g geräucherter Speck
1 große Zwiebel
1 große Stange Lauch
1 El Öl
Butter für die Form
3 Eier
200 ml Schlagsahne
200 ml Sauerrahm
Salz
Schwarzer Pfeffer aus der Mühle
Etwas Muskatnuss
100 g geriebener Emmentaler
50 g Butter

Vorküche

Die Kartoffeln schälen, waschen und in feine Scheiben hobeln. Den Speck in feine Würfel schneiden. Die Zwiebel schälen und in feine Würfel schneiden. Die Lauchstange von den äußeren Blättern befreien, waschen und in feine Ringe schneiden. Den Speck in einer großen Pfanne in heißem Öl auslassen. Die Zwiebelwürfel und die Lauchringe dazugeben und kurz darin anschwitzen. Eine flache Auflaufform mit etwas Butter einfetten. Den Backofen auf 200 °C vorheizen.

Zubereitung

Die fein gehobelten Kartoffeln abwechselnd mit der Zwiebel-Speck-Lauch-Mischung in die Auflaufform schichten. Die oberste Schicht sollte aus Kartoffeln bestehen. Eier mit Sahne und Sauerrahm verrühren, kräftig mit Salz, Pfeffer und Muskatnuss abschmecken und über den Kartoffelauflauf geben. Abschließend den Käse darüber streuen, Butterflocken darauf setzen und das Ganze etwa 45–50 Minuten im Backofen backen.

Servieren

Den Kartoffelauflauf auf Tellern anrichten und mit einem grünen Salat servieren.

Merkzettel

Sie können außer Lauch zusätzlich anderes Gemüse verwenden.

Krautstrudel

Für 4 Personen
Zubereitungszeit: ca. 1 Stunde (ohne Wartezeit)
Koch- & Backzeit: 75–85 Minuten

Einkaufsliste/Zutaten

Für den Teig

250 g Mehl
1 Ei
1 El Öl
Salz
Mehl zum Bestäuben
Butter für das Blech
60 g Butter

Für die Füllung

2 kleine Zwiebeln
700–800 g Sauerkraut
5 El Butter
2 El Weißwein
125 ml Fleischbrühe
Salz
Schwarzer Pfeffer aus der Mühle
½ Tl Kümmel
125 ml Schlagsahne

Vorküche

Das Mehl in eine Schüssel sieben, mit Ei, Öl, 1 Prise Salz und etwa 70–80 ml Wasser zu einem Teig verrühren. Der Teig sollte mittelfest sein. Den Teig nochmals mindestens 10 Minuten kneten, bis er glänzend ist. Etwa 30 Minuten ruhen lassen. In der Zwischenzeit für die Füllung die Zwiebeln schälen und in feine Würfel schneiden. Eventuell das Sauerkraut waschen. Die Butter in einem Topf erhitzen und die Zwiebeln darin glasig dünsten. Mit Wein und Fleischbrühe ablöschen. Das Sauerkraut dazugeben, mit Salz, Pfeffer und Kümmel würzen und etwa 30 Minuten ohne Deckel köcheln lassen. Dabei sollte die Flüssigkeit langsam einkochen. Das Sauerkraut abkühlen lassen und die Sahne unterrühren. Den Backofen auf 200 °C vorheizen.

Zubereitung

Ein großes Leinentuch auf einer Arbeitfläche ausbreiten und mit Mehl bestäuben. Den Teig darauf sehr dünn ausrollen. Ein Backblech mit Butter einfetten. Die Butter in einem Topf zerlassen und mit der Hälfte davon den Teig bestreichen. Das Sauerkraut gleichmäßig auf dem Teig verteilen. Das Tuch an den Seiten anheben und so den Teig einschlagen und aufrollen, dass sich eine gefüllte Teigrolle ergibt. An den Rändern einschlagen und vorsichtig auf das Backblech gleiten lassen. Mit der restlichen Butter bestreichen und im Backofen etwa 45–55 Minuten goldbraun backen.

Servieren

Den Krautstrudel auf einem flachen Teller in Stücke schneiden und mit Kasseler servieren.

Merkzettel

Durch die Zugabe von Kümmel werden Sauerkrautgerichte bekömmlicher.

Tiroler Kartoffelsalat

Für 4 Personen
Zubereitungszeit: ca. 30 Minuten
Kochzeit: 25 Minuten

Einkaufsliste/Zutaten

550 g fest kochende Kartoffeln
60 g magerer Speck
2 kleine Zwiebeln
2 El Öl
1 El Weinessig
125 ml Fleischbrühe
1 Tl Senf
1 Tl Kapern
Salz
Schwarzer Pfeffer aus der Mühle
1 Prise Zucker

Garnierung

½ Bund Schnittlauch

Vorküche

Die Kartoffeln waschen und mit der Schale gar kochen. Noch heiß pellen und abkühlen lassen. In Scheiben schneiden und in eine Schüssel geben. Den Speck in feine Würfel schneiden. Die Zwiebeln schälen und ebenfalls in feine Würfel schneiden. Schnittlauch waschen, trockenschütteln und in feine Röllchen schneiden.

Zubereitung

Das Öl in einer Pfanne erhitzen und Speck- und Zwiebelwürfel darin glasig dünsten. Mit Essig ablöschen und über die Kartoffeln geben. Die Fleischbrühe in einem Topf erhitzen, den Senf einrühren, die Kapern dazugeben und die Brühe zu den Kartoffeln geben. Alles kräftig mit Salz, Pfeffer und Zucker würzen.

Servieren

Den Tiroler Kartoffelsalat in einer Schüssel anrichten und mit den Schnittlauchröllchen bestreut servieren.

Merkzettel

Der Kartoffelsalat wird in Tirol auch mit Kresse, Gurkenscheiben oder Tomaten zubereitet.

Grüne Bohnen

Für 4 Personen
Zubereitungszeit: ca. 20 Minuten
Kochzeit: 20 Minuten

Einkaufsliste/Zutaten

600 g grüne Bohnen
Salz
130 g Butter
100 g Semmelbrösel
Weißer Pfeffer aus der Mühle

Vorküche

Die Bohnen waschen, verlesen und von den Fäden befreien.

Zubereitung

In einem großen Topf Salzwasser zum Kochen bringen.
Die Bohnen dazugeben und etwa 20 Minuten weich kochen.
Abgießen und in eine Schüssel geben.
In einer Pfanne die Butter erhitzen, die Brösel darin hellbraun rösten, mit Salz und Pfeffer würzen und über die Bohnen gießen.

Servieren

Die grünen Bohnen als Beilage zu Fleischgerichten reichen.

Merkzettel

Bohnen sollten Sie keinesfalls roh essen, da sie den giftigen Eiweißstoff Phasin enthalten. Das Gift wird beim Garen jedoch zerstört.

Nudeln, Eier- & Mehlspeisen

Nudelauflauf

Für 4 Personen
Zubereitungszeit: ca. 30 Minuten
Backzeit: 50–60 Minuten

Einkaufsliste/Zutaten

300 g Bandnudeln
Salz
250 g gekochter Schinken
1 Zwiebel
4 El Butter
3 Eier
125 g saure Sahne
Weißer Pfeffer aus der Mühle
1 Msp Muskatnuss
Butter für die Form
Semmelbrösel

Vorküche

Die Nudeln in einem großen Topf mit Salzwasser gar kochen. In der Zwischenzeit den Schinken in kleine Würfel schneiden. Die Zwiebel schälen und ebenfalls in kleine Würfel schneiden. Den Backofen auf 200–220 °C vorheizen.

Zubereitung

Zwei El Butter in einer Pfanne erhitzen und die Zwiebel darin glasig dünsten. Die Schinkenwürfel dazugeben und kurz anbraten. Die Eier mit der sauren Sahne verrühren und mit Salz, Pfeffer und Muskatnuss würzen.
Eine Auflaufform mit Butter auspinseln und mit Semmelbröseln bestreuen.
Die Nudeln mit der Zwiebel-Schinken-Masse in eine Schüssel geben und gut vermischen. In die Auflaufform geben und mit der Eier-Mischung übergießen.
Die restliche Butter in Flöckchen aufsetzen und mit Semmelbröseln bestreuen.
Im Backofen etwa 50–60 Minuten backen.

Servieren

In der Auflaufform servieren und dazu einen grünen Salat reichen.

Merkzettel

Wer mag, kann diesem Gericht auch geriebenen Käse beifügen.

Salzburger Nockerln

Für 4 Personen
Zubereitungszeit: ca. 25 Minuten
Backzeit: ca. 20 Minuten

Einkaufsliste/Zutaten

40 g Butter
125 ml Schlagsahne
1 Päckchen Vanillezucker
4 Eigelb
60 g Zucker
2 El trockener Weißwein
40 g Mehl
1 Prise Salz
8 Eiweiß

Garnierung

Puderzucker

Vorküche

Den Backofen auf 200 °C vorheizen.

Zubereitung

Butter, Sahne und Vanillezucker in einen Topf geben und unter kräftigem Rühren kurz aufkochen lassen. Beiseite stellen. Das Eigelb mit dem Zucker schaumig rühren. Weißwein, Mehl und Salz dazugeben und zu einer cremigen Masse verrühren. Das Eiweiß mit dem Handrührgerät steif schlagen und unter die Ei-Masse ziehen. In eine Auflaufform zuerst die Butter-Sahne-Masse füllen, dann die Schneemasse darauf geben und mit einem Teigschaber hügelige Nockerln formen. Sofort in den Backofen geben und etwa 15–20 Minuten goldgelb backen.

Servieren

Nockerln auf Desserttellern anrichten und mit reichlich Puderzucker bestreut servieren.

Reichen Sie dazu Kompott oder Gelee von Beeren Ihrer Wahl.

Merkzettel

Den Backofen unbedingt lange genug vorheizen und auf keinen Fall während des Backens öffnen, da die Nockerln sonst zusammenfallen können.

Serviettenknödel

Für 4 Personen
Zubereitungszeit: ca. 30 Minuten (ohne Wartezeit)
Kochzeit: 50–60 Minuten

Einkaufsliste/Zutaten

9 Brötchen vom Vortag
60 g Butter
300 ml Milch
3 Eier
Salz
2–3 El Mehl
Butter zum Bestreichen

Vorküche

6 Brötchen in kleine Würfel schneiden und in einer Pfanne mit heißer Butter goldgelb rösten.
Die restlichen Brötchen in dünne Scheiben schneiden.
Die Milch mit Eiern, Salz und Mehl verquirlen, über die Brötchenscheiben gießen und alles zu einem lockeren Teig verrühren. Die gerösteten Brötchenwürfel dazugeben und alles gut vermischen. Den Teig etwa 30 Minuten ruhen lassen.

Zubereitung

Etwa 3–4 l Salzwasser zu Kochen bringen. In der Zwischenzeit den Teig mit feuchten Händen zu einer großen, länglichen Rolle formen. In eine feuchte, mit Butter bestrichene Leinenserviette locker (damit die Masse während des Kochens noch aufgehen kann) einwickeln. An beiden Seiten mit einem Bindfaden verschließen. Den Serviettenknödel in das kochende Wasser legen und 50–60 Minuten bei mittlerer Hitze gar ziehen lassen. Den Serviettenknödel aus dem Wasser nehmen, abschrecken und vorsichtig aus der Serviette nehmen.

Servieren

Den Serviettenknödel in dicke Scheiben schneiden und sofort servieren.

Merkzettel

Sie können dem Teig auch frische gehackte Petersilie und Muskatnuss untermischen.

Speckknödel

Für 4 Personen
Zubereitungszeit: ca. 35 Minuten (ohne Wartezeit)
Kochzeit: 12–15 Minuten

Einkaufsliste/Zutaten

400 g magerer Speck
6 Brötchen vom Vortag
3 Eier
125 ml Milch
1 El weiche Butter
2 El Mehl
3 El gehackte Petersilie
Salz
Weißer Pfeffer aus der Mühle

Garnierung

2 El gehackte Petersilie

Vorküche

Den Speck in kleine Würfel schneiden. Die Brötchen in kleine Stücke schneiden. Den Speck in einer Pfanne ausbraten und abkühlen lassen. Mit den Brötchenstücken in eine Schüssel geben und mischen. Einige Speckwürfel beiseite stellen. Die Eier mit der Milch verquirlen. Mit Butter, Mehl und Petersilie in die Schüssel mit den Brötchen geben und alles gut vermischen. Etwa 20 Minuten ziehen lassen.

Zubereitung

In einem großen Topf reichlich Salzwasser zum Kochen bringen. Mit feuchten Händen 8 gleich große Knödel formen und in das kochende Wasser geben. Die Hitze reduzieren und die Knödel 12–15 Minuten ziehen lassen. Herausnehmen und abtropfen lassen.

Servieren

Die Knödel in eine Schüssel füllen und mit der restlichen Petersilie und den Speckwürfeln bestreuen. Dazu einen grünen Salat servieren.

Merkzettel

Wenn Sie den Speck weglassen, können Sie die Knödel auch als Beilage zu Fleischgerichten mit Soße servieren.

Kasnudeln

Für 4 Personen
Zubereitungszeit: ca. 50 Minuten
Kochzeit: 10–15 Minuten

Einkaufsliste/Zutaten

Für den Teig

300 g Mehl
Salz
1 Ei
1 El Öl

Für die Füllung

200 g mehlig kochende Kartoffeln
300 g Quark
3 El saure Sahne
2 El gehackte Kräuter
(Petersilie, Kresse, Kerbel, Schnittlauch etc.)
Weißer Pfeffer aus der Mühle
1 Msp Muskatnuss
1 Eiweiß
70 g Butter

Garnierung

1 El gehackte Petersilie

Vorküche

Aus Mehl, 1 Prise Salz, Ei und etwas Wasser einen geschmeidigen Nudelteig kneten. Mit dem Öl bestreichen und etwa 30 Minuten ruhen lassen. Die Kartoffeln schälen, waschen, vierteln und in Salzwasser gar kochen. Durch eine Kartoffelpresse drücken und mit dem abgetropften Quark, der sauren Sahne, den Kräutern, Salz, Pfeffer und Muskatnuss gut verrühren.

Zubereitung

Den Nudelteig auf einer bemehlten Arbeitsfläche dünn ausrollen. Kreise von etwa 10 cm Ø ausstechen. Auf jeden Kreis einen El der Kartoffel-Masse setzen, die Ränder mit Eiweiß bestreichen, umklappen und festdrücken. Einen großen Topf mit Salzwasser zum Kochen bringen und die Kasnudeln darin etwa 10–15 Minuten garen lassen. In der Zwischenzeit die Butter in einer Pfanne bräunen lassen. Die Kasnudeln aus dem Wasser nehmen und abtropfen lassen.

Servieren

Die Kasnudeln auf tiefen Tellern anrichten und mit der gebräunten Butter und der Petersilie bestreut servieren.

Merkzettel

Wichtig bei der Verarbeitung von Quark ist, dass er trocken ist. Daher sollte man ihn vorher gut in einem Sieb abtropfen lassen oder in einem Tuch ausdrücken.

Käsespätzle

Für 4 Personen
Zubereitungszeit: ca. 30 Minuten
Kochzeit: ca. 1–3 Minuten

Einkaufsliste/Zutaten

750 g Mehl
3 Eier
Salz
300 g Zwiebeln
250 g geriebener Käse (Emmentaler, Gouda etc.)
1 El Butter

Vorküche

Das Mehl in eine Rührschüssel sieben und mit Eiern, Salz und 500 ml Wasser zu einem glatten Teig verrühren. Die Zwiebeln schälen und in feine Ringe schneiden.

Zubereitung

In einem großen Topf reichlich Salzwasser zum Kochen bringen.
Den Teig durch einen Spätzlehobel in das kochende Wasser drücken. Die Spätzle sollten etwa 1-3 Minuten kochen und sind gar, wenn sie oben schwimmen. Mit einem Schaumlöffel herausnehmen und abtropfen lassen. In einer Schüssel abwechselnd den Käse und die Spätzle schichten, mit einer Käseschicht abschließen. Die Käsespätzle warm stellen.
In einer Pfanne die Butter erhitzen und die Zwiebelringe darin goldbraun rösten.

Servieren

Die Käsespätzle auf Tellern anrichten, mit den Zwiebelringen belegen und mit einem grünen Salat servieren.

Merkzettel

Ohne Käse und Zwiebeln, nur leicht in Butter geschwenkt, sind die Spätzle eine hervorragende Beilage zu Fleischgerichten mit Soße.

Fisch

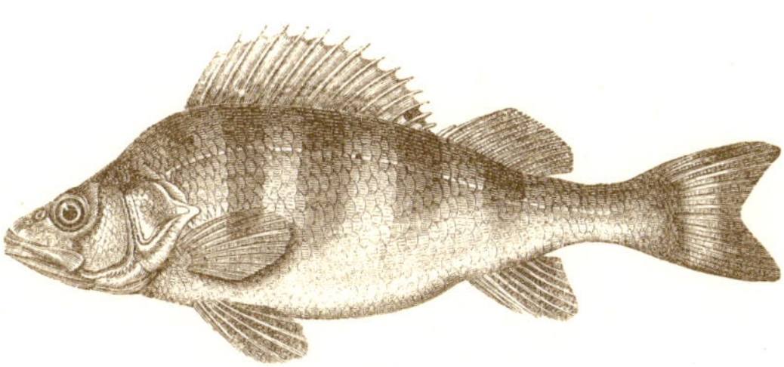

Forelle blau

Für 4 Personen
Zubereitungszeit: ca. 35 Minuten
Kochzeit: 15 Minuten

Einkaufsliste/Zutaten

4 küchenfertige Forellen (etwa 500 g)
2 Möhren
2 kleine Zwiebeln
4 El Weinessig
Salz
8 Pfefferkörner
2 Lorbeerblätter
1 Zitrone
2 El Butter

Vorküche

Die Forellen unter kaltem Wasser kurz abspülen. Die Möhren und die Zwiebeln schälen und in Scheiben schneiden. Den Weißwein mit 500 ml Wasser in einem Topf zum Kochen bringen. Essig, Gemüse und Gewürze dazugeben und alles etwa 15 Minuten köcheln lassen.

Zubereitung

Die Forellen in den heißen (nicht kochenden!) Sud legen, so dass sie ganz bedeckt sind und 15 Minuten durchziehen lassen. Die Forellen vorsichtig aus dem Sud heben. Die Zitrone in Scheiben schneiden und die Butter in einer Pfanne bräunen.

Servieren

Die Forelle blau auf einer Platte anrichten, mit der Butter übergießen und mit Zitronenscheiben garnieren. Als Beilage Salzkartoffeln und einen grünen Salat reichen.

Merkzettel

Bei der Forelle wird zwischen drei Arten – Regenbogen-, Bach- und Seeforelle – unterschieden. Das weiße, feste Fleisch der Bachforelle ist besonders schmackhaft.

Gebackene Seezunge

Für 4 Personen
Zubereitungszeit: 15 Minuten (ohne Wartezeit)
Bratzeit: 3–5 Minuten

Einkaufsliste/Zutaten

4 kleine küchenfertige Seezungen
Salz
Zitronensaft
2 El Mehl
2 Eier
100 g Semmelbrösel
1 Zitrone
½ Bund Petersilie
2 El Butterschmalz

Vorküche

Die Fische unter kaltem Wasser abwaschen, trockentupfen und mit Salz und Zitronensaft würzen. 30 Minuten ziehen lassen. Das Mehl in eine Schüssel geben und die Eier aufschlagen und verquirlen. Die Seezungen im Mehl wenden und anschließend durch die Eier ziehen. In die Semmelbrösel legen und leicht andrücken. Die Zitrone vierteln. Die Petersilie waschen, trockenschütteln und fein hacken.

Zubereitung

Butterschmalz in einer großen Pfanne erhitzen und die Seezungen darin etwa 3–5 Minuten goldgelb braten.

Servieren

Die Seezunge auf Tellern anrichten, mit der Petersilie bestreuen und mit den Zitronenspalten garnieren. Dazu Petersilienkartoffeln und grünen Salat reichen.

Merkzettel

Die Seezunge gehört zu den Plattfischen und ist einer der feinsten Fische überhaupt.

Gebackenes Karpfenfilet mit Mohnpanade

Für 4 Personen
Zubereitungszeit: ca. 15 Minuten
Bratzeit: 5–8 Minuten

Einkaufsliste/Zutaten

800 g Karpfenfilets
Salz
Weißer Pfeffer aus der Mühle
4 El Zitronensaft
4 El Mehl
2 Eier
100 g Semmelbrösel
30 g gemahlener Mohn
5 El Butterschmalz

Vorküche

Den Fisch in vier gleich große Stücke schneiden, waschen, trockentupfen und mit Salz, Pfeffer und Zitronensaft würzen. In Mehl wenden und anschließend durch die verquirlten Eier ziehen. Semmelbrösel und Mohn vermischen und die Filets darin wenden.

Zubereitung

Das Butterschmalz in einer hohen Pfanne erhitzen und die Fischstücke darin schwimmend etwa 5–8 Minuten ausbacken. Aus der Pfanne heben und auf Küchenpapier abtropfen lassen.

Servieren

Die gebackenen Karpfenfilets portionsweise auf Tellern anrichten und mit Kartoffelsalat oder Salzkartoffeln und grünem Salat servieren.

Merkzettel

Das Fleisch des Karpfen ist schmackhaft und leicht verdaulich.

Geflügel & Fleisch

Gefüllte Schweinebrust

Für 4 Personen
Zubereitungszeit: ca. 1 Stunde
Garzeit: 120 Minuten

Einkaufsliste/Zutaten

1,5 kg Schweinebrust
Salz
Schwarzer Pfeffer aus der Mühle
300 g Knochen vom Schwein

Für die Füllung

3 Brötchen vom Vortag
2 Eier
3 El Schlagsahne
125 ml warme Milch
1 Msp Muskatnuss
1 Zwiebel
20 g Butter
2 El gehackte Petersilie
1 El Semmelbrösel

Zum Braten

2 El Butterschmalz
2 kleine Zwiebeln
1 Möhre
50 g Butterschmalz
500 ml Fleischbrühe
3 El Weißwein
2 El Crème fraîche

Vorküche

Vom Metzger eine tiefe Tasche in die Schweinebrust schneiden lassen. Das Fleisch von innen und außen mit Salz und Pfeffer würzen. Die Knochen waschen. Für die Füllung die Brötchen in kleine Stücke schneiden. Die Eier in einer Schüssel mit der Sahne, der warmen Milch, Salz, Pfeffer und Muskatnuss verquirlen und zu den Brötchen geben. Die Zwiebel schälen und in Würfel schneiden. In einer kleinen Pfanne die Butter erhitzen, die Zwiebelwürfel und die Petersilie darin andünsten und zu der Brot-Masse geben. Alles gut vermischen und etwa 30 Minuten ziehen lassen. Die Füllung mit den Semmelbröseln binden und die Schweinebrust damit füllen. Die Öffnung mit Küchengarn zunähen. Den Backofen auf 200 °C vorheizen. Zwiebeln und Möhre schälen und grob in Stücke schneiden.

Zubereitung

Das Butterschmalz in einem Bräter erhitzen und das Fleisch darin anbraten. Die Knochen, Zwiebel- und Möhrenstücke dazugeben und anbräunen. Etwa 250 ml Brühe angießen, den Braten in dem Bräter in den Backofen geben und etwa 2 Stunden garen lassen. Dabei immer wieder mit dem Bratensaft begießen. Den Braten herausnehmen und in Alufolie gewickelt ruhen lassen. Den Bratenfond mit der restlichen Brühe loskochen und durch ein Sieb passieren. Die Brühe zurück in den Topf geben, den Wein dazugeben und einkochen lassen. Abschließend die Crème fraîche kurz unterziehen. Die Naht am Braten öffnen und das Fleisch in nicht zu dünne Scheiben schneiden.

Servieren

Die Fleischscheiben auf einer Fleischplatte anrichten und die Soße separat dazu reichen. Dazu passt Gemüse der Saison.

Merkzettel

Die Füllung können Sie auch bereichern durch verschiedene Kräuter wie z. B. Majoran, Kerbel, Schnittlauch oder Kresse.

Kalbsrouladen

Für 4 Personen
Zubereitungszeit: ca. 50 Minuten
Bratzeit: 40–50 Minuten

Einkaufsliste/Zutaten

4–6 Kalbsschnitzel (aus der Schulter)
Salz
Weißer Pfeffer aus der Mühle
50 g fetter Speck
2 Zwiebeln
1 Knoblauchzehe
120 g Rinderhackfleisch
4 El Schlagsahne
1 Eigelb
60 g magerer Speck
250 ml Fleischbrühe
125 g saure Sahne
2 El Mehl
1 kleines Glas Pfifferlinge

Vorküche

Das Fleisch waschen, trockentupfen und leicht klopfen.
Mit Salz und Pfeffer würzen. Den fetten Speck in kleine Würfel schneiden.
Die Zwiebeln und den Knoblauch schälen und in kleine Würfel schneiden.
Den Speck in einer Pfanne goldgelb ausbraten und zum Hackfleisch in eine Schüssel geben. Mit Sahne, Eigelb, der Hälfte der Zwiebeln, Knoblauch, Salz und Pfeffer gut vermischen. Den mageren Speck ebenfalls in Würfel schneiden.

Zubereitung

Die Hackfleischmasse auf den Kalbsschnitzeln gleichmäßig verteilen und zu Rouladen zusammenrollen. Mit Küchengarn fixieren. In einem Topf die mageren Speckwürfel auslassen, die restlichen Zwiebelwürfel dazugeben und glasig dünsten.
In diesem Fett die Rouladen rasch anbraten und mit der Brühe ablöschen.
Bei mittlerer Hitze bei geschlossenem Deckel etwa 40–50 Minuten köcheln lassen.
Die Rouladen aus dem Topf nehmen, das Küchengarn entfernen und warm stellen.
Die saure Sahne mit dem Mehl glatt rühren und zum Bratenfond geben.
Nochmals kurz aufkochen lassen. Die Kalbsrouladen wieder hineingeben.
Die Pfifferlinge abtropfen lassen und kurz mit den Rouladen erwärmen.

Servieren

Die Kalbsrouladen auf einer Fleischplatte anrichten und mit der Bratensoße begießen.

Merkzettel

Zur Füllung können Sie zusätzlich gedünstetes Gemüse geben.

Knusprige Schweinshaxe

Für 4 Personen
Zubereitungszeit: ca. 30 Minuten
Bratzeit: 80 Minuten

Einkaufsliste/Zutaten

1 große Schweinshaxe (etwa 1,5 kg)
Salz
Schwarzer Pfeffer aus der Mühle
2 Knoblauchzehen
2 kleine Zwiebeln
3 kleine Möhren
¼ Sellerieknolle
3 El Butterschmalz

Vorküche

Die Schweinshaxe waschen und trockentupfen. Die Schwarte mit einem scharfen, spitzen Messer rundum kreuzweise einschneiden. Mit Salz und Pfeffer würzen. Den Knoblauch pellen, durchpressen und das Fleisch damit einreiben. Das Gemüse schälen, waschen und in kleine Stücke schneiden. Den Backofen auf 200 °C vorheizen.

Zubereitung

Das Butterschmalz in einer Kasserolle erhitzen und die Haxe darin kräftig von allen Seiten anbraten. Mit etwa 250 ml heißem Wasser ablöschen und in den Backofen geben. Etwa 40 Minuten schmoren lassen. Dann das Gemüse dazugeben und alles weitere 40 Minuten garen lassen.

Kurz vor Ende der Bratzeit die Schweineschwarte mit Salzwasser bestreichen und bei starker Oberhitze kurz überkrusten lassen. Das Fleisch aus dem Topf nehmen und in Alufolie gewickelt im abgeschalteten Backofen warm halten.

Den Bratensaft mit etwas Wasser loskochen und eventuell etwas einkochen lassen. Mit Salz und Pfeffer abschmecken.

Servieren

Die knusprige Schweinshaxe im Ganzen auf einer Fleischplatte anrichten und separat zur Soße reichen. Dazu Semmelknödel und Krautsalat servieren.

Merkzettel

Auf die gleiche Weise können Sie auch eine Kalbshaxe zubereiten.

Rehragout

Für 4 Personen
Zubereitungszeit: ca. 35 Minuten (ohne Wartezeit)
Garzeit: 60 Minuten

Einkaufsliste/Zutaten

1,5 kg Rehschulter ohne Knochen
½ Sellerieknolle
1 kleine Lauchstange
250 ml Rotwein
3 El Rotweinessig
2 Gewürznelken
1 Bund Thymian
Einige Pfefferkörner
8 zerdrückte Wacholderbeeren
2 El Butterschmalz
3 El Mehl
125 ml Fleischbrühe
Salz

Vorküche

Das Fleisch waschen, trockentupfen, mit einem spitzen scharfen Messer die sehnige Haut entfernen und das Fleisch in mundgerechte Stücke schneiden. Sellerieknolle schälen, waschen und in kleine Würfel schneiden. Die Lauchstange von den äußeren Blättern befreien, waschen und in Ringe schneiden. Wein und Essig mit den Gewürzen in eine Schüssel geben, die Fleischstücke sowie das Gemüse dazugeben und über Nacht im Kühlschrank marinieren lassen.

Zubereitung

Butterschmalz in einem Topf erhitzen, das Fleisch aus der Marinade nehmen, gut abtropfen lassen, bei starker Hitze anbraten und mit 2 El Mehl bestäuben. Das Gemüse aus der Marinade dazugeben, kurz andünsten, dann mit Fleischbrühe ablöschen. Die Marinade dazugießen und mit Salz würzen.
Bei geringer Hitze etwa 60 Minuten köcheln lassen.
Die Fleischstücke mit einem Schaumlöffel herausnehmen und warm stellen.
Die Soße durch ein Sieb passieren und die Brühe nochmals aufkochen.
Das restliche Mehl mit wenig kaltem Wasser verrühren und die Soße damit binden.
Das Fleisch in die Soße zurückgeben und nochmals abschmecken.

Servieren

Das Rehragout mit Semmelknödeln und einem trockenen Rotwein servieren.

Merkzettel

Das Rehfleisch sollte gut abgehangen und am besten vor der Zubereitung gehäutet sein.

Rinderfilet mit Rahmsoße

Für 4 Personen
Zubereitungszeit: ca. 40 Minuten
Garzeit: 60 Minuten

Einkaufsliste/Zutaten

800 g Rinderfilet
Salz
Schwarzer Pfeffer aus der Mühle
2 kleine Zwiebeln
1 kleines Stück Sellerieknolle
1 kleine Möhre
100 g Champignons
3 El Butterschmalz
30 g Mehl
125 g saure Sahne
130 ml Fleischbrühe
1 Lorbeerblatt
½ Tl Thymian
Etwas Zitronensaft
1 El Butter

Vorküche

Das Fleisch waschen, trockentupfen, von Sehnen und Haut befreien und mit Salz und Pfeffer würzen. Zwiebeln, Sellerie und Möhre schälen, waschen und fein würfeln. Die Champignons putzen, vom Stielende befreien und in feine Scheiben schneiden.

Zubereitung

Das Schmalz in einem Bräter erhitzen und das Fleisch darin von allen Seiten kräftig anbraten. Das Fleisch herausnehmen, Zwiebeln, Sellerie und Möhre in dem Bratenfond anrösten und mit Mehl bestäuben. Die saure Sahne und die Fleischbrühe dazugeben und mit Lorbeerblatt, Thymian und Zitronensaft würzen. Das Fleisch wieder zurück in den Topf geben und zugedeckt etwa 60 Minuten schmoren lassen. Kurz vor Ende der Garzeit die Champignons in der Butter andünsten. Das Fleisch herausnehmen und in Alufolie gewickelt warm halten. Die Soße durch ein Sieb passieren, die Champignons dazugeben und gut einkochen lassen. Das Fleisch in Scheiben schneiden.

Servieren

Die Fleischscheiben auf einer Fleischplatte anrichten und mit der Rahmsoße begießen. Dazu Semmelknödel und einen grünen Salat servieren.

Merkzettel

Statt mit Filet können Sie dieses Gericht auch mit einem Lendenstück zubereiten.

Rindergulasch

Für 4 Personen
Zubereitungszeit: ca. 30 Minuten
Garzeit: 70–90 Minuten

Einkaufsliste/Zutaten

850 g Rindfleisch
650 g Zwiebeln
1 Knoblauchzehe
2 El Butterschmalz
2 El Paprikapulver
750 ml Fleischbrühe
½ Tl getrockneter Majoran
½ Tl gemahlener Kümmel
Salz
Schwarzer Pfeffer aus der Mühle

Vorküche

Das Fleisch waschen, trockentupfen und in Würfel schneiden. Die Zwiebeln schälen und in nicht zu kleine Würfel schneiden. Die Knoblauchzehe pellen.

Zubereitung

In einem Topf das Butterschmalz erhitzen und die Zwiebeln darin goldbraun anbraten. Das Paprikapulver dazugeben und alles mit einigen Löffeln Brühe begießen. Das Fleisch dazugeben und mit Majoran, Kümmel, Salz und Pfeffer würzen. Bei geschlossenem Deckel bei geringer Hitze etwa 60 – 80 Minuten schmoren lassen. Dabei hin und wieder rühren und immer wieder Fleischbrühe hinzufügen. Nach der Garzeit die Knoblauchzehe durchpressen und die restliche Brühe unterrühren. Nochmals 10 Minuten ziehen lassen und mit Salz und Pfeffer abschmecken.

Servieren

Das Rindergulasch auf Teller verteilen und mit Semmelknödeln servieren.

Merkzettel

Mit einem gebratenen Spiegelei, einem Würstchen und einer Gewürzgurke wird das Gericht zum beliebten „Fiaker Gulasch", das vor allem in Wien sehr bekannt ist.

Szegediner Gulasch

Für 4 Personen
Zubereitungszeit: ca. 35 Minuten
Garzeit: 45–55 Minuten

Einkaufsliste/Zutaten

650 g Schweinefleisch (aus der Schulter)
3 große Zwiebeln
1 Knoblauchzehe
2 El Butterschmalz
400 ml Fleischfond
Salz
Weißer Pfeffer aus der Mühle
1 Tl Paprikapulver
500 g Sauerkraut
½ Tl Kümmel
1 Tl Mehl
200 g saure Sahne

Vorküche

Das Fleisch waschen, trockentupfen und in mundgerechte Würfel schneiden.
Die Zwiebeln schälen und in feine Würfel schneiden.
Die Knoblauchzehe pellen und würfeln.

Zubereitung

In einem Topf das Butterschmalz erhitzen und das Fleisch darin kräftig anbraten. Zwiebeln und Knoblauch dazugeben und glasig andünsten. Mit der Hälfte des Fleischfonds ablöschen und bei geringer Hitze langsam einkochen lassen.
Mit Salz, Pfeffer und Paprikapulver würzen.
Das Sauerkraut eventuell waschen und mit dem restlichen Fleischfond und dem Kümmel zum Fleisch geben. Alles gut vermischen. Bei geringer Hitze etwa 30–45 Minuten schmoren lassen. Dabei hin und wieder rühren. Das Mehl mit der sauren Sahne verrühren und unter das Gulasch rühren. Weitere 10 Minuten garen lassen.
Nochmals mit Salz und Pfeffer abschmecken.

Servieren

Das Szegediner Gulasch auf Tellern anrichten und mit Semmelknödeln servieren.

Merkzettel

Das ursprünglich aus Ungarn stammende Gulasch gehört zu den Speisen, die am nächsten Tag aufgewärmt noch besser schmecken.

Tafelspitz mit Apfelkren

Für 4 Personen
Zubereitungszeit: ca. 55 Minuten
Kochzeit: 120 Minuten

Einkaufsliste/Zutaten

1 kg Suppenknochen
2 kg Tafelspitz
1 Petersilienwurzel
2 Möhren
½ Sellerieknolle
1 Lauchstange
2 Knoblauchzehen
2 Zwiebeln
1 Bund Schnittlauch
Salz
1 Lorbeerblatt
1 Msp Muskatnuss

Für die Soße

2 große Äpfel
2 El Weinessig
2 El Meerrettich
1 Tl Zucker
Salz
Pfeffer

Vorküche

Die Suppenknochen gründlich waschen. Den Tafelspitz waschen und trockentupfen. Petersilienwurzel, Möhren und Sellerie schälen und in Würfel schneiden. Die Lauchstange von den äußeren Blättern befreien, waschen und in Ringe schneiden. Knoblauchzehen und Zwiebeln schälen und halbieren. Schnittlauch waschen, trockenschütteln und in kleine Röllchen schneiden.

Zubereitung

Die Suppenknochen in einen großen Topf geben und mit Wasser bedecken. Aufkochen lassen und salzen. Den Tafelspitz hineingeben, nochmals aufkochen, den Schaum abschöpfen und die Hitze reduzieren. Das Gemüse und das Lorbeerblatt zum Fleisch geben, nochmals abschäumen und bei geringer Hitze etwa 2 Stunden köcheln lassen.

Nach etwa 60 Minuten die Soße zubereiten. Dazu die Äpfel schälen, vierteln und das Kerngehäuse entfernen. Die Äpfel in Würfel schneiden und mit dem Essig in einem kleinen Topf etwa 12 Minuten dünsten. Abkühlen lassen und mit Meerrettich, Zucker, Salz und Pfeffer abschmecken.

Das Fleisch aus dem Topf nehmen und quer zur Faser in feine Scheiben schneiden. Die Brühe durch ein Sieb gießen und mit Muskatnuss und ggf. nochmals mit Salz und Pfeffer abschmecken.

Servieren

Den Tafelspitz auf einer Fleischplatte anrichten, mit der Brühe begießen, mit dem Schnittlauch bestreuen und mit dem Apfelkren servieren. Dazu Kartoffeln reichen.

Merkzettel

Es empfiehlt sich, ein großes Stück Fleisch zu kaufen, weil der Tafelspitz auch kalt sehr gut schmeckt, aber nur richtig saftig wird, wenn das Stück nicht zu klein ist.

Wiener Backhendl

Für 4 Personen
Zubereitungszeit: ca. 40 Minuten
Bratzeit: 10–15 Minuten

Einkaufsliste/Zutaten
2 küchenfertige Hähnchen
2 Eier
2 El Schlagsahne
Salz
Weißer Pfeffer aus der Mühle
¼ Tl Rosenpaprikapulver
4–5 El Mehl
200 g Semmelbrösel
250 g Butterschmalz
1 geviertelte Zitrone

Vorküche

Die Hähnchen gründlich waschen, trockentupfen und vierteln. Die Haut abziehen und von der Brust Knochen und Knorpel entfernen. Die Eier in eine größere Schüssel aufschlagen und mit Sahne, Salz, Pfeffer und Rosenpaprika verquirlen. Die Hähnchenteile leicht salzen und zuerst in dem Mehl wenden, dann durch die Eier-Mischung ziehen, zuletzt in den Semmelbröseln wenden und leicht abklopfen.

Zubereitung

Das Butterschmalz in einer größeren, hohen Pfanne erhitzen. Die Hähnchenstücke darin nacheinander, im Fett schwimmend, bei mittlerer Hitze etwa 10–15 Minuten backen. Die bereits fertig gebratenen Hähnchenteile auf Küchenpapier gut abtropfen lassen und in Alufolie gewickelt warm halten.

Servieren

Das Wiener Backhendl auf einer Fleischplatte anrichten und mit den Zitronenvierteln garniert servieren. Als Beilage schmeckt besonders gut Kartoffelsalat.

Merkzettel

Während des Bratens die Pfanne leicht schwenken, damit die Panade schön aufgeht. Am besten nehmen Sie eine zweite Pfanne, so werden die Hähnchenteile gleichzeitig gar und Sie ersparen sich das Warmhalten.

Wiener Schnitzel

Für 4 Personen
Zubereitungszeit: ca. 20 Minuten
Bratzeit: 3–5 Minuten

Einkaufsliste/Zutaten

4 Kalbsschnitzel (etwa 180 g)
2 Eier
2 El Schlagsahne
Salz
Weißer Pfeffer aus der Mühle
50 g Mehl
Semmelbrösel
250 ml Öl
Butter

Garnierung

1 geviertelte Zitrone

Vorküche

Die Schnitzel waschen, trockentupfen und von beiden Seiten klopfen.
Eier, Sahne, Salz und Pfeffer verquirlen.
Das Mehl in eine Schüssel geben und die Schnitzel darin wenden,
leicht andrücken. Anschließend durch das Eiergemisch ziehen
und in den Semmelbröseln wenden.

Zubereitung

In einer großen Pfanne das Öl erhitzen und die Schnitzel darin
bei mäßiger Hitze etwa 3–5 Minuten braten. Zwischendurch wenden.
Die goldgelb gebratenen Schnitzel auf Küchenpapier abtropfen lassen.
Die Schnitzel abschließend mit weicher Butter bestreichen.

Servieren

Die Schnitzel auf einer Fleischplatte anrichten und mit
Zitronenvierteln garnieren. Dazu reichen Sie Kartoffelsalat.

Merkzettel

Während des Bratens die Pfanne vorsichtig schwenken, dadurch
geht die Panade besonders schön auf.

Wiener Zwiebelbraten

Für 4 Personen
Zubereitungszeit: ca. 25 Minuten
Bratzeit: ca. 20 Minuten

Einkaufsliste/Zutaten

3 mittelgroße Zwiebeln
4 Rinderschnitzel aus der hohen Rippe (je etwa 200 g)
Salz
Schwarzer Pfeffer aus der Mühle
2 El Mehl
4 El Butterschmalz
3 El Butter
125 ml Rinderfond

Vorküche

Die Zwiebeln schälen und in Ringe schneiden. Das Fleisch waschen, trockentupfen und mit Salz und Pfeffer würzen. Das Mehl in eine Schüssel geben und das Fleisch auf einer Seite durch das Mehl ziehen.

Zubereitung

Das Butterschmalz in einer Pfanne erhitzen und das Fleisch mit der bemehlten Seite nach unten hineingeben. Von beiden Seiten je 8–10 Minuten braten. Das Fleisch sollte innen noch leicht rosa sein.
In der Zwischenzeit in einer zweiten Pfanne 2 El Butter erhitzen und die Zwiebelringe darin goldbraun braten, salzen, aus der Pfanne nehmen und warm stellen. Das Fleisch herausnehmen und in Alufolie gewickelt warm stellen.
Den Bratensud mit dem Rinderfond loskochen und die restliche Butter unterrühren.

Servieren

Die Schnitzel auf einer Fleischplatte anrichten, die Soße darüber verteilen, die Zwiebelringe darauf legen und mit Petersilienkartoffeln und Gemüse der Saison servieren.

Merkzettel

Das Fleisch vor dem Braten an den Seiten einschneiden, damit es sich im heißen Fett nicht einrollt.

Wurzelfleisch

Für 4 Personen
Zubereitungszeit: ca. 40 Minuten
Kochzeit: 120 Minuten

Einkaufsliste/Zutaten

1 kg Schweinefleisch aus der Schulter
2 Zwiebeln
3 Möhren
1 kleine Sellerieknolle
1 Petersilienwurzel
Salz
1 Lorbeerblatt
Schwarzer Pfeffer aus der Mühle
1 El Weißweinessig
2 El Butter
2 El frisch geriebener Meerrettich

Vorküche

Das Fleisch waschen und trockentupfen. Die Zwiebeln schälen und in nicht zu kleine Stücke schneiden. Möhren, Sellerieknolle und Petersilienwurzel schälen, waschen und die Hälfte davon grob würfeln. Das restliche Gemüse in feine Streifen schneiden.

Zubereitung

Das Fleisch in einen Topf geben und mit so viel heißem Wasser begießen, dass es gerade bedeckt ist. Aufkochen lassen, den Schaum abschöpfen und bei geringer Hitze zugedeckt köcheln lassen. Die Zwiebeln mit Salz, Lorbeerblatt, Pfeffer, Essig und dem gewürfelten Gemüse zum Fleisch geben. Bei geringer Hitze etwa 2 Stunden garen lassen. Das Fleisch aus der Brühe nehmen und diese durch ein Sieb gießen.
In einem zweiten Topf die Butter erhitzen und die Gemüsestreifen mit 1–2 Tassen der Fleischbrühe bei mittlerer Hitze 5–8 Minuten bissfest garen.
Das Fleisch in mundgerechte Würfel schneiden.

Servieren

Das Fleisch portionsweise auf Tellern verteilen. Die Gemüsestreifen mit der Brühe darüber geben und mit frisch geriebenem Meerrettich bestreut servieren.

Merkzettel

Dieses Gericht schmeckt am besten mit frischen Petersilienkartoffeln.

Wiener Reisfleisch

Für 4 Personen
Zubereitungszeit: ca. 15 Minuten
Kochzeit: 45 Minuten

Einkaufsliste/Zutaten

400 g Kalbfleisch
50 g magerer Speck
3 große Zwiebeln
50 g Butterschmalz
Salz
1 Tl Paprikapulver
200 g Reis
2 El Tomatenmark

Vorküche

Das Fleisch waschen, trockentupfen und in mundgerechte Würfel schneiden. Den Speck in kleine Würfel schneiden. Die Zwiebeln schälen und ebenfalls in kleine Würfel schneiden.

Zubereitung

Speck und Zwiebeln in einem Topf mit heißem Butterschmalz anrösten. Das Fleisch dazugeben, würzen und alles zusammen ein wenig schmoren lassen. Etwa 500 ml heißes Wasser dazugießen, Reis und Tomatenmark dazugeben und im geschlossenen Topf bei schwacher Hitze etwa 45 Minuten weich dünsten.

Servieren

Das Reisfleisch in kalt ausgespülte Portionsschüsseln oder Tassen pressen und auf vorgewärmte Teller stürzen. Dazu einen grünen Salat servieren.

Merkzettel

Leicht angeröstete Mandelstifte verleihen diesem Gericht eine besondere Note.

Torten, Süßspeisen & Desserts

Aprikosen-Quark-Auflauf

Für 4 Personen
Zubereitungszeit: ca. 30 Minuten
Backzeit: 40–50 Minuten

Einkaufsliste/Zutaten

300 g Aprikosen
Butter für die Form
500 g Quark
50 g weiche Butter
50 g Zucker
3 Eigelb
1 Prise Salz
150 g Weichweizengrieß
125 ml Milch
2 El Zitronensaft
3 Eiweiß

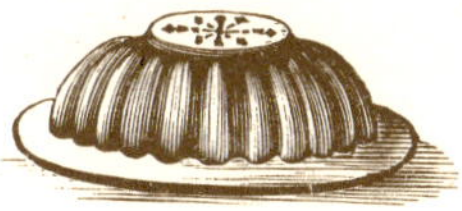

Vorküche

Die Aprikosen waschen, halbieren, entkernen und mit der Schnittfläche nach unten in eine mit Butter eingefettete Auflaufform legen. Den Quark gut abtropfen lassen. Den Backofen auf 190 °C vorheizen.

Zubereitung

Die Butter mit Zucker, Eigelb und Salz in eine Schüssel geben und mit dem Handrührgerät schaumig schlagen. Grieß, Milch, 1 El Zitronensaft und Quark dazugeben und alles zu einer geschmeidigen Masse verrühren. Eiweiß und restlichen Zitronensaft steif schlagen und unter die Masse heben. Den Teig über die Aprikosen gießen und glatt streichen. Im Backofen etwa 40–50 Minuten backen.

Servieren

Den Aprikosen-Quark-Auflauf portionsweise auf Desserttellern anrichten.

Merkzettel

Um diesen schmackhaftern Nachtisch auch im Winter zu genießen, können Sie frische Aprikosen durch Dosenfrüchte ersetzen.

Germknödel

Für 4 Personen
Zubereitungszeit: ca. 20 Minuten (ohne Wartezeit)
Kochzeit: ca. 10 Minuten

Einkaufsliste/Zutaten

250 g Mehl
160 ml Milch
10 g Hefe (Germ)
10 g Zucker
Salz
1 Eigelb
30 g weiche Butter
100 g Pflaumenmus
1 Tl Rum
1 Msp Zimt
50 g gemahlener Mohn
60 g Puderzucker
60 g Butter

Vorküche

Das Mehl in eine Schüssel sieben. Die Milch etwas erwärmen, mit der zerbröselten Hefe und dem Zucker vermischen und über das Mehl geben. Salz, Eigelb und weiche Butter dazugeben und alles mit dem Handrührgerät zu einem glatten Teig verrühren. Zugedeckt etwa 45 Minuten an einem warmen Ort ruhen lassen.
Das Pflaumenmus mit Rum und Zimt verrühren.

Zubereitung

Den Teig in 4–6 Portionen teilen. Je 1 Tl Pflaumenmus in die Mitte geben und mit feuchten Händen zu Knödeln formen. Nochmals etwa 20 Minuten gehen lassen. Die Knödel in einen großen Topf mit etwa 2 l siedendem Salzwasser (wenig Salz) geben und bei geringer Hitze etwa 8–10 Minuten garen. Die Germknödel mit dem Schaumlöffel aus dem Wasser heben, abtropfen lassen und auf Teller legen.

Servieren

Die Germknödel mit Mohn, Puderzucker und gebräunter Butter begießen und servieren.

Merkzettel

Die Knödel dürfen nicht kochen und sollten im Wasser nicht übereinander liegen. Ggf. 2 Kochtöpfe nehmen.

Gugelhupf

Für 4 Personen
Zubereitungszeit: ca. 30 Minuten (ohne Wartezeit)
Backzeit: 50–60 Minuten

Einkaufsliste/Zutaten

400 g Mehl
100 g gemahlene Mandeln
35 g Hefe
125 ml warme Milch
150 g Zucker
150 g weiche Butter
5 Eier
1 Prise Salz
125 ml Schlagsahne
80 g Rosinen
4 El Rum
Etwas Butter und Semmelbrösel für die Form

Garnierung

Puderzucker

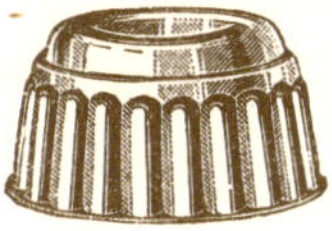

Vorküche

Das Mehl in eine Rührschüssel sieben und mit den Mandeln leicht vermischen. In die Mitte eine Mulde drücken, die Hefe hineinbröckeln und mit Milch und etwas Zucker verrühren. Abgedeckt an einem warmen Ort etwa 15 Minuten ruhen lassen. Die weiche Butter mit dem restlichem Zucker, Eiern, Salz und Sahne mit dem Handrührgerät schaumig schlagen. Rosinen und Rum unterrühren. Alles zum Hefevorteig geben und zu einem glatten Teig verarbeiten. Der Teig sollte sich leicht vom Schüsselrand lösen und Blasen werfen. Den Backofen auf 180 °C vorheizen.

Zubereitung

Eine Gugelhupfform mit Butter einfetten, mit Semmelbröseln ausstreuen und den Teig einfüllen. Im vorgeheizten Backofen etwa 50–60 Minuten backen. Dann in der Form etwas abkühlen lassen, auf ein Kuchengitter stürzen und vollständig auskühlen lassen.

Servieren

Den Gugelhupf auf eine Kuchenplatte setzen und mit Puderzucker bestreuen. Dazu geschlagene Sahne servieren.

Merkzettel

Dem Teig können Sie nach Wunsch noch je 50 g Zitronat und Orangeat hinzufügen.

Kaiserschmarrn

Für 4 Personen
Zubereitungszeit: ca. 20 Minuten (ohne Wartezeit)
Backzeit: ca. 5 Minuten

Einkaufsliste/Zutaten

60 g Rosinen
3 El Rum
3 Eier
150 g Mehl
1 El Puderzucker
Salz
1 Päckchen Vanillezucker
125 ml Milch
Etwas Zitronensaft
40 g gemahlene Mandeln
2 El Butterschmalz

Garnierung

Puderzucker

Vorküche

Die Rosinen in eine Schüssel geben, mit dem Rum beträufeln und beiseite stellen. Die Eier aufschlagen und trennen. Das Mehl und den Puderzucker in eine Schüssel sieben. Salz, Vanillezucker, Eigelb und Milch dazugeben und mit dem Handrührgerät zu einem leicht flüssigen Teig verrühren. Etwa 30 Minuten ruhen lassen. Das Eiweiß mit etwas Puderzucker und einigen Tropfen Zitronensaft steif schlagen. Den Eischnee mit den Mandeln vorsichtig unter den Teig heben.

Zubereitung

In einer großen Pfanne das Butterschmalz erhitzen, den Teig hineingeben und die Rosinen darauf verteilen. Mit geschlossenem Deckel auf der einen Seite goldgelb backen. Dann wenden, mit einer Gabel in Stücke reißen und unter Rühren fertig backen.

Servieren

Mit reichlich Puderzucker bestreuen und mit Apfelmus servieren.

Merkzettel

Sie können den Kaiserschmarrn als Hauptgericht oder in kleinen Portionen als Nachspeise servieren.

Linzer Torte

Für 4 Personen
Zubereitungszeit: ca. 45 Minuten (ohne Wartezeit)
Backzeit: 35–45 Minuten

Einkaufsliste/Zutaten

150 g Mehl
150 g gemahlene Mandeln
150 g Zucker
1 Päckchen Vanillezucker
1 Prise Salz
1 Tl Zimtpulver
4 Eigelb
150 g kalte Butter
Butter und Semmelbrösel für die Form
200 g Johannisbeermarmelade

Garnierung

Puderzucker

Vorküche

Das Mehl in eine Rührschüssel sieben und mit Mandeln, Zucker, Vanillezucker, Salz und Zimt vermischen. 3 Eigelb und die klein geschnittene Butter dazugeben. Mit den Knethaken des Handrührgerätes zu einem glatten Mürbeteig verarbeiten und zugedeckt etwa 30 Minuten ruhen lassen. Den Backofen auf 180 °C vorheizen.

Zubereitung

Eine Springform von 26 cm Ø mit Butter einfetten und mit Semmelbröseln ausstreuen. Zwei Drittel vom Teig abnehmen, in die Form geben und gleichmäßig verteilen. Die Johannisbeermarmelade gleichmäßig auf dem Teig verstreichen, dabei nicht zu dicht an den Rand streichen. Etwa 1 cm am Rand freilassen. Die Hälfte des restlichen Teiges ausrollen und den Rand der Springform rundum damit auslegen. Festdrücken und an den Teigboden drücken. Aus dem restlichen Teig dünne Streifen ausrollen und diese als breites Gitter über die Marmelade legen. Das restliche Eigelb verquirlen und die Torte damit bestreichen. Im Backofen etwa 35–45 Minuten backen. Herausnehmen und gut abkühlen lassen.

Servieren

Vor dem Servieren reichlich mit Puderzucker bestreuen.

Merkzettel

In Alufolie verpackt können Sie die Linzer Torte problemlos auch noch nach mehreren Tagen genießen. Sie schmeckt auch dann noch wie frisch zubereitet.

Mohn-Nudeln

Für 4 Personen
Zubereitungszeit: ca. 40 Minuten (ohne Wartezeit)
Kochzeit: ca. 30 Minuten

Einkaufsliste/Zutaten

400 g mehlig kochende Kartoffeln
Salz
120 g Mehl
30 g feiner Grieß
30 g Butter
2 Eigelb
Etwas abgeriebene Schale von 1 unbehandelten Zitrone
Mehl
60 g Butter
120 g gemahlener Mohn

Garnierung

4 El Puderzucker

Vorküche

Die Kartoffeln waschen und mit der Schale kochen. Abgießen, noch heiß pellen, durch die Kartoffelpresse drücken und erkalten lassen. Die Masse in eine Rührschüssel geben und mit Salz, Mehl, Grieß, Butter, Eigelb und Zitronenschale zu einem glatten Teig verkneten. Zugedeckt etwa 30 Minuten ruhen lassen.

Zubereitung

In einem großen Topf reichlich leicht gesalzenes Wasser zum Kochen bringen. In der Zwischenzeit den Teig zu einer dicken Rolle formen. Davon haselnussgroße Stücke abschneiden und daraus etwa 8 cm lange, spitz zulaufende Nudeln formen. Die Nudeln ins Wasser geben und bei geringer Hitze etwa 8 Minuten garen. Die Butter in einer Pfanne erhitzen und den Mohn darin leicht anrösten. Die Nudeln mit dem Schaumlöffel aus dem Wasser heben, gut abtropfen lassen und in der Mohnbutter wälzen.

Servieren

Die Mohn-Nudeln vor dem Servieren mit Puderzucker bestreuen.

Merkzettel

Die Nudeln sind gar, wenn sie an der Oberfläche schwimmen.

Himbeercreme

Für 4 Personen
Zubereitungszeit: ca. 15 Minuten (ohne Wartezeit)

Einkaufsliste/Zutaten

800 g Himbeeren
2 Blatt weiße Gelatine
2 Blatt rote Gelatine
2 Päckchen Vanillezucker
500 ml Schlagsahne
1 El Zucker

Vorküche

Die Himbeeren waschen, verlesen und zum Trocknen auf Küchenpapier auslegen. Die Gelatine in etwas Wasser auflösen.

Zubereitung

Die Früchte mit dem Pürierstab pürieren, dabei einige für die Garnierung beiseite legen. Das Fruchtmus mit dem Vanillezucker mischen. Die eingeweichte Gelatine ausdrücken und schnell unter die Himbeercreme rühren. Kalt stellen. Beginnt die Masse fest zu werden, die Schlagsahne mit dem Zucker steif schlagen und die Hälfte davon leicht unter die Creme heben. In eine kalt ausgespülte Puddingform füllen und im Kühlschrank erkalten lassen.

Servieren

Die Himbeercreme aus der Form stürzen und mit der restlichen Sahne und den restlichen Himbeeren garniert servieren.

Merkzettel

Anstelle der Blattgelatine können Sie auch Pulvergelatine verwenden.

Hasenohren

Für 4 Personen
Zubereitungszeit: ca. 30 Minuten (ohne Wartezeit)
Backzeit: ca. 10 Minuten

Einkaufsliste/Zutaten

300 g Mehl
30 g Butter
125 ml Milch
1 Prise Salz
1 Ei
1 El Rum
500 g Butterschmalz zum Ausbacken

Vorküche

Das Mehl sieben. Die Butter in einem Topf zerlassen, die Milch dazugeben und erwärmen. Die Milch in eine Rührschüssel geben, salzen und mit Ei und Rum verrühren. Das Mehl dazugeben und alles schnell zu einem glatten Teig verkneten. Zugedeckt 1 Stunde ruhen lassen.

Zubereitung

Den Teig auf einer bemehlten Arbeitsfläche messerrückendick ausrollen und mit einem Messer in Vierecke schneiden. Diese Vierecke an zwei gegenüberliegenden Ecken anfassen, etwas verdreht einrollen und im heißen Butterschmalz goldgelb ausbacken. Mit einem Schaumlöffel herausnehmen und auf Küchenpapier abtropfen lassen.

Servieren

Dieses Gebäck nachmittags zum Tee oder Kaffee servieren. Eventuell mit Puderzucker bestreuen.

Merkzettel

Die Hasenohren schmecken besonders gut, wenn sie noch warm gegessen werden.

Sachertorte

Für 4 Personen
Zubereitungszeit: 60 Minuten
Backzeit: 60 Minuten

Einkaufsliste/Zutaten

8 Eier
300 g zartbittere Schokoladenkuvertüre
150 g Mehl
150 g weiche Butter
100 g Puderzucker
50 g Zucker
2 El Aprikosenmarmelade
250 ml Schlagsahne
Etwas Zucker

Vorküche

Die Eier aufschlagen und trennen. Die Hälfte der Schokoladenkuvertüre im Wasserbad schmelzen. Das Mehl sieben. Den Backofen auf 170–190 °C vorheizen.

Zubereitung

Die weiche Butter mit dem Puderzucker verrühren. Das Eigelb nach und nach dazugeben und mit dem Handrührgerät zu einer Creme verrühren. Die lauwarme Kuvertüre langsam und löffelweise in die Creme einrühren. Das Mehl dazugeben. Das Eiweiß steif schlagen und vorsichtig unterheben.

Den Boden einer Springform (24 cm Ø) mit Backpapier auslegen und den Teig einfüllen. Im Backofen etwa 60 Minuten backen. Den Kuchen in der Form etwas ruhen lassen, dann aus der Springform nehmen und auf einem Kuchengitter vollständig auskühlen lassen.

Die Aprikosenmarmelade leicht erwärmen und glatt rühren. Den Kuchen damit auch an den Rändern nicht zu dick bestreichen. Die restliche Schokoladenkuvertüre im Wasserbad schmelzen und die Torte damit gleichmäßig überziehen. Die Sahne mit dem Handrührgerät und etwas Zucker steif schlagen.

Servieren

Die Sachertorte auf eine Kuchenplatte legen und mit der Sahne servieren.

Merkzettel

Dieses Rezept ist nicht das Originalrezept der berühmten Sachertorte. Dieses nämlich ist ein streng gehütetes Geheimnis der Firma Sacher in Wien.

Topfenknödel mit Pflaumenkompott

Für 4 Personen
Zubereitungszeit: 50 Minuten (ohne Wartezeit)
Kochzeit: 20 Minuten

Einkaufsliste/Zutaten

Für den Knödelteig
500 g Quark (Topfen)
4 Eier
220 g Semmelbrösel
100 g Zucker
Salz
1 Päckchen Vanillezucker
60 g Butter

Für das Pflaumenkompott
500 g reife Zwetschgen
3 El Rum
¼ Tl Zimtpulver
1 El Zucker
Etwas Zitronensaft

Vorküche

Den Quark in einem Sieb abtropfen lassen und in einer Schüssel mit Eiern, 120 g Semmelbröseln, Zucker, einer Prise Salz und Vanillezucker zu einem geschmeidigen Teig verarbeiten. Den Teig zugedeckt etwa 45 Minuten ruhen lassen. In der Zwischenzeit die Zwetschgen waschen, halbieren und entkernen.

Zubereitung

Aus dem Teig mit feuchten Händen kleine Knödel formen. In einem großen Topf Salzwasser zum Kochen bringen. Die Topfenknödel hineingeben und etwa 10 Minuten bei geringer Hitze ziehen lassen. Die restlichen Semmelbrösel in der Butter leicht rösten. Die Knödel mit einem Schaumlöffel herausnehmen, abtropfen lassen und in der Semmelbutter wenden.

Die Zwetschgen mit Rum, Zimt, Zucker und etwas Zitronensaft in eine Pfanne geben und etwa 10 Minuten erhitzen.

Servieren

Die Topfenknödel in eine Schüssel geben und mit dem Pflaumenkompott servieren.

Merkzettel

Die Pflaumen können durch andere Früchte der Saison ersetzt werden.

Topfen-Palatschinken

Für 4 Personen
Zubereitungszeit: ca. 30 Minuten (ohne Wartezeit)
Backzeit: ca. 25 Minuten

Einkaufsliste/Zutaten

Für den Teig

200 g Mehl
2 Eier
Salz
40 g Zucker
375 ml Milch
3–4 El Butterschmalz

Für die Füllung

50 g Rosinen
2 El Rum
30 g weiche Butter
100 g Zucker
1 Päckchen Vanillezucker
2 Eier
250 g Quark (Topfen)

Garnierung

Puderzucker

Vorküche

Das Mehl in eine Rührschüssel sieben und mit den Teigzutaten zu einem dünnflüssigen Teig verrühren. Etwa 30 Minuten ruhen lassen. In der Zwischenzeit die Rosinen heiß abwaschen und mit dem Rum beträufeln.
Die weiche Butter mit Zucker und Vanillezucker schaumig rühren. Die Eier trennen und das Eigelb unterrühren. Den Quark abtropfen lassen und mit den Rosinen unter die Masse mischen.
Das Eiweiß steif schlagen und unter die Quark-Masse heben.

Zubereitung

In einer Pfanne das Butterschmalz erhitzen und aus der Teigmasse nacheinander etwa 8 dünne Palatschinken bei schwacher Hitze goldgelb backen. Jeden Palatschinken mit der Quark-Masse bestreichen und aufrollen.

Servieren

Die Palatschinken auf Tellern anrichten und mit Puderzucker bestreut servieren.

Merkzettel

Die Palatschinken möglichst dünn ausbacken.

Nussnudeln

Für 4 Personen
Zubereitungszeit: ca. 45 Minuten (ohne Wartezeit)
Kochzeit: 8–10 Minuten

Einkaufsliste/Zutaten

500 g mehlig kochende Kartoffeln
50 g Butter
175 g Mehl
50 g Weichweizengrieß
2 Eigelb
1 Prise Salz
1 Msp Muskatnuss
2 El Butter
130 g gemahlene Haselnüsse
3 El Zucker

Garnierung

Puderzucker

Vorküche

Die Kartoffeln waschen und mit der Schale gar kochen. Die noch heißen Kartoffeln pellen, durch die Kartoffelpresse drücken und mit Mehl, Grieß, Eigelb und Salz zu einem glatten Teig verrühren. Zugedeckt etwa 30 Minuten ruhen lassen. In einem großen Topf Salzwasser zum Kochen bringen.

Zubereitung

In der Zwischenzeit den Kartoffelteig auf einer bemehlten Arbeitsfläche zu einer etwa 2 cm dicken Rolle formen. Nussgroße Stücke abschneiden und diese zu etwa 3 cm langen, spitz zulaufenden Nudeln formen. Die Nudeln in das leicht sprudelnde Wasser geben und etwa 8–10 Minuten ziehen lassen. Dann mit einem Schaumlöffel herausnehmen und in einem Sieb abtropfen lassen.
In einer hohen Pfanne die Butter erhitzen und die Haselnüsse und den Zucker hineinrühren.
Die Nudeln dazugeben und gut durchschwenken.

Servieren

Die Nussnudeln auf Tellern anrichten und mit Puderzucker bestreut servieren.

Palatschinken mit Nussfüllung

Für 4 Personen
Zubereitungszeit: ca. 15 Minuten (ohne Wartezeit)
Backzeit: ca. 25 Minuten

Einkaufsliste/Zutaten

Für den Teig

200 g Mehl
2 Eier
375 ml Milch
1 Prise Salz
40 g Zucker
3–4 El Butterschmalz

Für die Füllung

100 g gemahlene Haselnüsse
50 g Zucker
1 Msp Zimt
8 El Schlagsahne

Vorküche

Das Mehl in eine Rührschüssel sieben und mit den Teigzutaten zu einem dünnflüssigen Teig verrühren. Etwa 30 Minuten ruhen lassen.

Zubereitung

In einer Pfanne das Butterschmalz erhitzen und aus der Teigmasse nacheinander etwa 8 dünne Palatschinken bei schwacher Hitze goldgelb backen. Warm stellen.
Die Haselnüsse, Zucker und Zimt mischen. Die Schlagsahne steif schlagen und die Nuss-Mischung vorsichtig unterheben. Die Palatschinken mit der Nussfüllung bestreichen und aufrollen.

Servieren

Die Palatschinken auf Tellern anrichten und warm servieren.

Register